Inhalt

G-20-Gipfel in London - eine neue Finanzmarktarchitektur soll die Weltwirtschaft in Gang bringen

Kernthesen

Beitrag

Fallbeispiele

Weiterführende Literatur

Impressum

G-20-Gipfel in London - eine neue Finanzmarktarchitektur soll die Weltwirtschaft in Gang bringen

R.Reuter

Kernthesen

- Die Beschlüsse von London sind erstaunlich konkret ausgefallen. Die Bundeskanzlerin sprach sogar von einer neuen Finanzmarktarchitektur.
- Die Ergebnisse sind vielfältig: Steueroasen geht es an den Kragen, Hedge-Fonds werden zukünftig kontrolliert und die Banken müssen sich besser für Schieflagen

wappnen.
- Eine erste Folge des G-20-Gipfels ist eine ebenso betroffene wie beleidigte Schweiz. Die Alpenrepublik will nun zügig dafür sorgen, nicht mehr als Steueroase zu gelten.

Beitrag

Die tiefgreifende Weltwirtschaftskrise hat die Regierungschefs der G-20 zu einem umfassenden Maßnahmenpaket getrieben. Kritiker bleiben dennoch skeptisch darüber, wie viel von den Beschlüssen bei der Umsetzung in die Praxis tatsächlich übrig bleibt.

Erfolge für Paris und Berlin

Der G-20-Gipfel in London hat auf Druck der deutschen und der französischen Regierung zu überraschend klaren Ergebnissen geführt. Bundesfinanzminister Peer Steinbrück äußerte sich zufrieden über den Verlauf des Gipfels, da das Treffen den Durchbruch für eine lückenlose Regulierung und Kontrolle des Finanzsystems gebracht habe. Beobachter hingegen sind skeptisch, ob die zunächst noch papiernen Beschlüsse tatsächlich mit Leben erfüllt werden können. (1)

Großpaket zur Ankurbelung der Weltwirtschaft

Die Regierungschefs haben in London ein Hilfspaket in Höhe von stattlichen 1 100 Milliarden Dollar beschlossen. Davon gehen 500 Milliarden Dollar an den Internationalen Währungsfonds (IWF), was eine Verdreifachung seiner bisherigen Kreditreserve bedeutet. Weitere 250 Milliarden Dollar kann der IWF bei Bedarf anfordern. 100 Milliarden Dollar gehen an die Weltbank und andere internationale Entwicklungsbanken. Kritiker bemängeln, dass es sich bei der beschlossenen Gesamtsumme kaum um Neuzusagen, sondern um eine Zusammenfassung schon bekannter Maßnahmen handele. (1)

Internationaler Währungsfonds erhält mehr Gewicht

Noch vor wenigen Monaten galt der IWF als ein überflüssiges Auslaufmodell, darf sich nun aber über eine neue Wertschätzung freuen, die sich an der gewaltigen Kapitalausstattung auch deutlich ablesen lässt. Zudem darf der IWF künftig freier agieren. Die Vergabe von Krediten und Hilfsgeldern ist nun nicht mehr grundsätzlich an strenge Auflagen geknüpft. Stattdessen wurde dem IWF erlaubt, auch Blitzkredite ohne jede Auflage zu gewähren. Noch dazu soll der Fonds bei der noch zu schaffenden weltweiten Aufsicht über den Kreditsektor eine wichtige Rolle spielen. Der Internationale Währungsfonds ist damit auf den Weg gebracht, eine Weltpolizei zur Verhinderung globaler Schieflagen zu werden. (1), (7)

250 Milliarden Dollar für den Welthandel

Noch einmal 250 Milliarden Dollar sollen den weltweiten Handel anstoßen. Hierbei handelt es sich allerdings mehr oder minder um Absichtserklärungen, deren Umsetzung abzuwarten bleibt. Dem Zusatzprotokoll zufolge handelt es sich überdies nur bei drei bis vier Milliarden Dollar um konkrete Neuzusagen. Angesichts der Prognose der Welthandelsorganisation WTO, die im laufenden Jahr von einem Einbruch um neun Prozent ausgeht, wären selbst 250 Milliarden Dollar nur ein Tropfen auf den heißen Stein. Ein Minuswachstum in dieser Größenordnung würde in absoluten Zahlen ein

Schrumpfen um 1,4 Billionen Dollar bedeuten. (1)

Rating-Agenturen kommen an die Leine

Rating-Agenturen haben in der Vergangenheit auch solche Wertpapiere mit guten Noten bedacht, die die Banken später in die Krise zogen. Eine Ursache dafür ist, dass die Agenturen von den Banken bezahlt werden und damit nicht unabhängig beurteilen durften oder konnten. In London wurde beschlossen, die Agenturen einer Aufsicht zu unterziehen und sie aus der finanziellen Abhängigkeit der Finanzindustrie zu lösen. (3)

Frühwarnsystem soll Krisen verhindern

Ob es ein funktionierendes Frühwarnsystem zur Vermeidung von Finanzkrisen überhaupt geben kann, blieb auf dem Gipfel umstritten. Besonders stark haben sich die Europäer für die Idee eingesetzt, während die USA bei diesem Tagesordnungspunkt reserviert blieben. Dennoch wurde beschlossen, dass das bisher eher lose organisierte Finanzstabilitätsforum (FSF) zum Financial Stability Board (FSB) ausgebaut und die Aufgabe übernehmen soll. Grundvoraussetzung für ein Frühwarnsystem wird die gute Zusammenarbeit zwischen den Akteuren und den Behörden sein. Nicht jeder glaubt daran, dass es hierzu im geforderten Maße kommen wird.

Das FSB ist zudem damit beauftragt worden, strenge Prinzipien für die Entlohnung von Bankmitarbeitern zu entwickeln. Bei der Verteilung von Erfolgshonoraren muss zukünftig berücksichtigt werden, dass Risiken erst langfristig eintreten können. (1), (4)

Sicherere Bankgeschäfte

Das FSB soll darüber wachen, dass Banken über genügend Kapitalpuffer verfügen und überdies eine Verschuldungsgrenze einhalten, die von den eingegangenen Risiken unabhängig ist. Der Eigenkapitalpuffer werde dazu beitragen, krisenhafte Entwicklungen im Finanzsektor von der Realwirtschaft fernzuhalten. Bei der Kontrolle der Banken wird auch der Baseler Ausschuss mitwirken, der damit beauftragt wurde, die neuen Regeln für die

Eigenkapitalausstattung zu entwickeln und festzulegen. (4), (7), (8)

Steueroasen müssen mit Sanktionen rechnen

Auf Banken und Finanzplätze, die der Steuerhinterziehung Vorschub leisten, kommen härtere Zeiten zu. Die G-20 haben Maßnahmen gegen so genannte Steueroasen angekündigt, um unsere öffentlichen Finanzen und Finanzsysteme zu schützen. Die Ära des Bankgeheimnisses sei damit vorüber, was ganz im Sinne des deutschen Finanzministers Peer Steinbrück ist.

Deutlich wurden in London die Länder genannt, die nicht im geforderten Maße mit den Steuerbehörden zusammen arbeiten. Auf dieser schwarzen Liste fanden sich Costa Rica, die Philippinen, Malaysia und Uruguay. Im Weiteren wurden solche Länder identifiziert, die sich den Standards weitgehend unterworfen haben, aber noch Umsetzungsdefizite aufweisen. Dies sind Belgien, Luxemburg, Österreich, Liechtenstein und die Schweiz worüber sich Steinbrück besonders freute. (1), (2), (4), (6)

Hedge-Fonds werden kontrolliert

Ausgelöst haben die Hedge-Fonds die Finanzkrise zwar nicht, zu ihrer Verschlimmerung aber haben sie beigetragen. Als in der Finanzkrise Kredite knapp wurden, mussten sie Aktien verkaufen, was zu Kursabstürzen führte. Künftig müssen sich die Manager dieser Fonds registrieren lassen und Auskunft darüber geben, wie viel Geld sie bewegen. Zudem werden die Fonds in die Pflicht genommen, für ein solides Risikomanagement zu sorgen. Unter Fachleuten wird die Offenlegungsverpflichtung der verwalteten Gelder als ein beachtlicher Fortschritt bei der Hedge-Fonds-Kontrolle gewertet. (1), (3), (5)

Fallbeispiele

Deutsche Wirtschaft begrüßt die Gipfelbeschlüsse

In der deutschen Wirtschaft hat die Einigung von London ein positives Echo ausgelöst. Der Bund der Deutschen Industrie (BDI) würdigte die Ergebnisse als großen Durchbruch. DIHK-Außenhandelschef Axel Nitschke glaubt, dass die Gipfelbeschlüsse dafür sorgen werden, dass die Weltwirtschaft innerhalb der nächsten sechs bis 18 Monaten wieder Fuß fassen kann. Der Außenhandelsverband BGA hingegen äußerte Unzufriedenheit, weil der Abbau von Handelshürden in London nicht genügend vorangetrieben worden sei. (10)

Weiterführende Literatur

(1) G-20-Gipfel: In London haben die Regierungen neue Spielregeln für die Finanzmärkte vereinbart Durchbruch oder Getöse? Die Beschlüsse des Weltfinanzgipfels sollen die Wende zum Besseren bringen - Die WELT nimmt sie unter die Lupe
aus DIE WELT, 04.04.2009, Nr. 80, S. 12

(2) G20 sagt über eine Billion Dollar zu
aus Handelsblatt Nr. 066 vom 03.04.09 Seite 1

(3) Vielleicht hilft es ja: Die Bilanz eines Gipfels
aus Frankfurter Allgemeine Sonntagszeitung, 05.04.2009, Nr. 14, S. 39

(4) "Für eine offene Weltwirtschaft auf den Prinzipien des Marktes"
aus Frankfurter Allgemeine Zeitung, 04.04.2009, Nr. 80, S. 12

(5) Reformen nach dem Gipfel
aus Frankfurter Allgemeine Zeitung, 04.04.2009, Nr. 80, S. 11

(6) Steueroasen austrocknen - aber nicht die eigenen
aus Frankfurter Allgemeine Zeitung, 02.04.2009, Nr. 78, S. 10

(7) Wächter ohne Kraft
aus Handelsblatt Nr. 067 vom 06.04.09 Seite 8

(8) Regulierer fordern Aufbau von Kapitalpuffer bei Banken FSF will Verschuldung der Institute begrenzen
aus Börsen-Zeitung, 03.04.2009, Nummer 65, Seite 6

(9) Katerstimmung in Bern nach dem G-20-Gipfel
aus Neue Zürcher Zeitung 04.04.2009, Nr. 79, S. 15

(10) 1,1 Billionen - kein Problem für Berlin
aus Handelsblatt Nr. 067 vom 06.04.09 Seite 6

Impressum

G-20-Gipfel in London - eine neue Finanzmarktarchitektur soll die Weltwirtschaft in Gang bringen

Bibliografische Information der deutschen Nationalbibliothek

Die Deutsche Nationalbibliothek verzeichnet diese Publikation in der deutschen Nationalbibliografie; detaillierte bibliografische Daten sind im Internet über http://dnb.d-nb.de abrufbar.

ISBN: 978-3-7379-1651-6

© 2015 GBI-Genios Deutsche Wirtschaftsdatenbank GmbH, Freischützstraße 96, 81927 München, www.genios.de

Alle Rechte vorbehalten. Dieses Werk ist einschließlich aller seiner Teile – z.B. Texte, Tabellen und Grafiken - urheberrechtlich geschützt. Jede Verwertung außerhalb der Grenzen des Urheberrechtsgesetzes bedarf der vorherigen Zustimmung des Verlags. Dies gilt insbesondere auch für auszugsweise Nachdrucke, fotomechanische

Vervielfältigungen (Fotokopie/Mikroskopie), Übersetzungen, Auswertungen durch Datenbanken oder ähnliche Einrichtungen und die Einspeicherung und Verarbeitung in elektronischen Systemen.